Storie Italiane Vol.2
Italian Stories Vol.2

A parallel text easy reader

Written by Anastacia Hawkins

Translated by Claudia Cerulli

Illustrated by Leo Lätti

Long Bridge Publishing

Storie Italiane Volume 2 – Italian Stories Volume 2: a parallel text easy reader

Stories by Anastacia Hawkins
Translation by Claudia Cerulli
Illustrations by Leo Lätti
Copyright © 2011 Long Bridge Publishing. All rights reserved.

All rights reserved. No part of this publication may be reproduced or transmitted in any form or by any means, electronic or mechanical, including photocopy, recording, or any information storage and retrieval system, without permission in writing from the publisher.

Find more books for Italian language students at: www.LongBridgePublishing.com

Trova tanti altri testi di narrativa bilingue nel sito: www.LongBridgePublishing.com

Publisher's Cataloging in Publication data

Hawkins, Anastacia
   Storie italiane volume 2– Italian stories volume 2: a parallel text easy reader/ written by Anastacia Hawkins; illustrated by Leo Lätti
       p.   cm.
   SUMMARY: Five short stories that take place in five different Italian cities, where the main carachters are children who discover famous places and old traditions of Pisa, Caserta, Siena, Assisi, and Milan.
   ISBN-13: 978-0-9842723-8-9
   ISBN-10: 0-9842723-8-0
   1. Italian language – Readers   2 Short stories, Italian -- Translations into English.   3. Bilingual books--Juvenile fiction
I. Title

Long Bridge Publishing
USA
www.LongBridgePublishing.com

ISBN-13: 978-0-9842723-8-9
ISBN-10: 0-9842723-8-0

Indice – Contents

Il Lumino Notturno di Matteo   pag. 5
Matteo's Night Light

Victoria Esprime un Desiderio   pag. 9
Victoria Makes a Wish

Rallegrati, Ruggero, Rallegrati!   pag. 14
Rejoice, Ruggero, Rejoice!

Una Serata all'Opera   pag. 20
A Grand Night at the Opera

La Regina Bianca   pag. 26
Queen Bianca

Dove sono ambientate le storie (Mappa)   pag. 31
Where the stories take place (Map)

Il Lumino Notturno di Matteo
Matteo's Night Light

Matteo si tirò le coperte sulla testa. Non gli piaceva affatto il buio. Sua madre aveva insistito affinché dormisse senza una lucina accesa, ma Matteo aveva nostalgia della sua lampadina notturna a forma di luna. Tirò via le coperte ed uscì dal letto.

"Nonno" bisbigliò Matteo.
"Matteo, che ci fai fuori dal letto?"
"Ho paura del buio".
"Mmmm" fu la risposta del nonno, mentre Matteo si rannicchiava in braccio al nonno.

Il giorno dopo il nonno di Matteo organizzò una gita in treno.
"Dove stiamo andando, Nonno?"
"Vedrai..."

Matteo pulled the covers over his head. He did not like the dark. His mother insisted that he get used to sleeping without a night light. But Matteo missed his little light shaped like the moon. He pushed his covers away and crept out of his bed.
"Poppi?" Matteo whispered.
"Matteo, what are you doing out of bed?"
"I'm afraid of the dark."
"Hmmm," was all his grandfather replied as Matteo curled up onto Poppi's big, soft lap.

The next day, Matteo's grandfather took him on a train ride.
"Where are we going, Poppi?"
"You'll see..."

Il treno attraversò campi di papaveri rossi e coltivazioni di girasoli, sotto un cielo limpido e azzurro.
Quando il treno si fermò, Matteo seguì il nonno verso il fiume Arno. Attraversando il ponte, i due osservarono il flusso d'acqua increspata e a un certo punto, Matteo intravide il profilo della torre pendente di Pisa.
"Guarda nonno, è la torre pendente!"
"Sì, certo. Vieni che facciamo un pic-nic sul prato della Piazza dei Miracoli".
Matteo aprì il telo che si era portato da casa ed il nonno aprì il suo cestino. Si misero quindi a mangiare pane, formaggio e uva. Poco dopo il sole tramontò ed il cielo si colorò di rosa e viola.

"Nonno, sta diventando buio. Forse è ora di andare."
"Siamo venuti proprio per il buio, Matteo" disse il nonno sdraiandosi.
"Lo sai chi era il grande astronomo Galileo Galilei?"
"Sì, era quello che si era costruito un grande telescopio per osservare la luna e le stelle".

"Esatto. E sai che Galileo osservò il cielo proprio da questo prato più di 400 anni fa? E disse che gli piacevano troppo le stelle per aver paura della notte. Sapeva che le stelle esistono per essere ammirate e per illuminarci quando cala il buio. Sono le lampadine notturne della natura".

Matteo guardò in alto e notò il primo bagliore di una stella. Man mano il prato si oscurò ed il cielo diventò più brillante. Matteo si alzò e si rese conto che, nonostante fosse notte, il cielo era cosparso di migliaia di lumini scintillanti.

Durante il tragitto in treno per tornare a casa Matteo rimase incantato a osservare il cielo dal finestrino.

Osservò le stelle e queste brillando gli fecero capire che sarebbero sempre state lì a guardarlo e fargli compagnia.

The train passed by deep red poppy fields and yellow sunflower meadows. The sky was blue and clear.

When the train stopped, Matteo followed his grandfather toward the Arno River. They watched the rippling water as they crossed the bridge. Soon Matteo saw the tilting profile of the Leaning Tower of Pisa.

"Look, Poppi! It's the tilting tower!"

"Yes, it is. Come, we'll picnic on the Field of Miracles." Matteo spread out the blanket he'd been carrying and his grandfather opened up a small basket. The two feasted on soft bread and cheese, and sweet grapes. Soon the sun was setting, filling the sky with pinks and purples.

"Poppi, it's going to be dark soon. We should go."

"The dark is why we are here, Matteo." His grandfather said.

"Do you know who the great astronomer Galileo Galilei is?"

"Yes, he is the one who created a powerful telescope so he could study the moon and the stars."

"That's right. Do you know that Galileo stood on this very field over 400 years ago and gazed up at the same sky? Galileo said 'I've loved the stars too fondly to be fearful of the night.' He knew that the stars were given to us to delight in, to light our way when darkness comes. They are nature's night light."

Matteo looked up and saw the first twinkle of light as the stars began to shine. As the field around them grew darker, the sky grew brighter. Matteo sat up and realized that though it was dark night, the sky was filled with thousands of shining night lights.

On the train ride home, Matteo could not pull his eyes away from the sky.

As he watched the stars, they winked at him, letting him know they would always be watching him as well.

Victoria Esprime un Desiderio
Victoria Makes a Wish

"Mamma, guarda questa fontana!" Victoria corse sull'erba e arrivò alla fontana. Gli spruzzi d'acqua le schizzarono il viso. La fontana era una delle tante fontane che si trovano nel parco della Reggia di Caserta, una residenza reale costruita quando i Borboni regnavano a Napoli. L'acqua rinfrescò la fronte sudata di Victoria. Sua madre si sedette sul bordo della fontana, aprì il borsellino e prese una monetina argentata.
"Esprimi un desiderio, Victoria". Victoria prese la moneta, chiuse gli occhi stretti, stretti e la lanciò nella fontana.
"Che cosa hai desiderato?" le chiese sua madre.
"Se te lo dico, non si avvera". Victoria guardò una delle statue che decoravano la fontana. Era la statua di un angelo, con le ali allargate e con lo sguardo sognante rivolto al cielo.
"Tu conosci il mio desiderio, vero?" bisbigliò Victoria all'angioletto.

"*Mama, look at this fountain!*" *Victoria ran across the grass toward the large fountain. The water splashed and sprayed her face. The fountain was one of the many that adorned the park of the Caserta Palace, a former royal residence built for the Bourbon kings of Naples. The water felt cool on Victoria's sweaty forehead. Her mother sat on the edge of the fountain and opened her purse. She pulled out a silver coin.*
"*Victoria, make a wish.*" *The girl took the coin. She closed her eyes tight and tossed the coin through the air into the fountain.*
"*What did you wish for?*" *her mother asked.*
"*If I tell you, it won't come true.*" *Victoria looked up at one of the many statues that graced the fountain. It was an angel. Her wings were spread wide, and her face looked dreamily up at the sky.*
"*You know my wish, don't you?*" *Victoria whispered to the angel.*

La mamma di Victoria le tese la mano e disse: "È ora di andare. Dobbiamo incontrarci con Zia Mariella e con tua cugina Lisa". Victoria prese la mamma per mano e s'incamminò verso il palazzo e l'uscita della Reggia. Le gambe di Victoria erano stanche per aver camminato tutto il giorno nella Reggia di Caserta, ma lei era contenta di aver visto le magnifiche stanze del palazzo e di aver esplorato il parco. Naturalmente, la cosa più bella era stata toccare l'acqua di tutte le magnifiche fontane che si susseguono lungo il viale del parco della Reggia.

Victoria e sua madre lasciarono il palazzo, s'incamminarono verso la zona più trafficata della città e salirono su un autobus. Quando scesero alla fermata, girarono un angolo e si trovarono in un vicolo tranquillo di Casertavecchia. Lì si trovava un negozietto con una tenda verde sopra l'entrata e con tanti oggetti interessanti in vetrina. C'erano statuette, seggiole di legno e tazze di vetro colorato.
"È il negozio di Zia Mariella?"
"Sì, è il suo negozio" rispose la mamma di Victoria aprendo la porta, mentre un campanellino annunciava il loro ingresso.

Victoria's mother held out her hand and said, "It's time to go. We must meet Aunt Mariella and your cousin Lisa." Victoria took her mother's hand in hers and they headed toward the large building and the exit of the Palace. Victoria's legs felt a little tired after the long walk she and her mother had taken at the Caserta's Royal Palace earlier that day. She had had a wonderful time visiting its grand rooms and the large park surrounding the Palace. Of course, the best part, on such a hot day, had been touching the splashing water of all the magnificent fountains lined up along the main avenue of the Palace's park.

Victoria and her mother walked away from the Palace and went to the busy part of town where they took a bus. When they got off, they turned a corner and found themselves in a quiet alley in the old town of Caserta. There was a small shop, with a green awning over the door and many interesting items in the display window. There were carved statues, fancy wooden chairs, and colored glass mugs.
"Is that Aunt Mariella's shop?"
"Yes, it is," Victoria's mother answered. As she opened the door, a tinkling bell announced them.

Venendo da fuori, dove il sole era abbagliante, il negozio sembrava molto buio ma, man mano, gli occhi di Victoria si abituarono e lei vide una ragazzina dietro al bancone. Sua cugina Lisa era molto più alta di lei e aveva i capelli scuri e lunghe ciglia nere. Victoria strinse con la mano i suoi capelli biondi intrecciati e si domandò se lei e Lisa sarebbero andate d'accordo.

"Victoria, come sei cresciuta!" disse Zia Mariella abbracciandola calorosamente.
"Vieni a conoscere tua cugina Lisa. Avete la stessa età, voi due".
"Ciao" disse Lisa.
"Ciao" rispose Victoria timidamente.
"Lisa, fai vedere a Victoria il piano di sopra". Lisa s'incamminò verso il retro del negozio e si girò per vedere se Victoria la stesse seguendo.
"Vieni" le disse con voce dolce e musicale, tendendo la mano verso Victoria. Victoria le prese la mano e sorrise.

"Grazie" disse Victoria, bisbigliando all'angioletto della fontana. Il suo desiderio era stato esaudito. Sentiva in cuor suo che lei e Lisa sarebbero sicuramente diventate ottime amiche.

It appeared dark inside after having been out in the bright sun. As Victoria's eyes adjusted to the dim room, she noticed a girl standing behind a glass counter. Her cousin Lisa was much taller than Victoria and had dark hair and long, black eyelashes. Victoria tugged at her own blond braid. Would Lisa like her?

"Victoria! How you've grown!" Aunt Mariella wrapped Victoria in a big bear hug.
"Come, meet my Lisa. The two of you are the same age."
"Hello," said Lisa.
"Hello," Victoria said shyly.
"Lisa, show Victoria upstairs." Lisa walked toward the back of the store. She turned to see if Victoria was following.
"Come," she said in her sweet, musical voice, and held her hand out to Victoria. Victoria took her hand and smiled.

"Thank you," she whispered to the fountain angel, for her wish had come true. She could tell that she and Lisa were going to be the best of friends.

Rallegrati, Ruggero, Rallegrati!

Rejoice, Ruggero, Rejoice!

Oggi si corre il Palio di Siena! Le Contrade senesi competono l'una contro l'atra in questa antica corsa di cavalli. Sia io che la mia famiglia non vediamo l'ora di assistere al Palio. Mio zio Vito è il fantino per la nostra contrada: la Contrada dell'Onda. Tutti quanti indossiamo i colori della contrada: il bianco e il blu.

Migliaia di persone sono venute ad assistere al Palio nella Piazza del Campo, la piazza principale di Siena. Vedo pile di materassi ammucchiati contro i muri su di un angolo del percorso.
"A che servono quei materassi, mamma?" chiedo.
"I materassi servono per proteggere i fantini in caso di caduta".
Recito una preghiera alla Madonna, Santo Patrono della nostra contrada, chiedendole di proteggere Zio Vito affinché non cada da cavallo.

The "Palio of Siena" is today! All the Sienese neighborhoods compete against each other in this horse racing event. My family and I have been looking forward to this day for many months. My Uncle Vito will be the jockey for our neighborhood, the Contrada of Onda, the Wave. We are all wearing our contrada colors: white and blue.

Thousands have come to the Piazza del Campo, Siena's main square, to watch the horse race. I notice a row of mattresses placed against the walls at one corner of the track.
"What are the mattresses for, Mama?" I ask.
"The mattresses will protect the jockeys if they fall." I send a prayer up to our Holy Patron, Madonna, asking her to keep Uncle Vito from falling off his horse.

Comincia il Corteo Storico. Ci sono i paggi porta-bandiera, i suonatori di tamburo, di tromba e tanti altri personaggi storici vestiti con costumi medievali. C'è tanta eccitazione nell'aria!
"Guarda, Ruggero, c'è Zio Vito!" Mamma indica i fantini che fanno il loro pomposo ingresso nella piazza. Zio Vito è smagliante, con l'elmetto e l'abito bianco e blu. Cavalca senza sella, come devono fare i fantini durante il Palio.

Se Zio Vito arriva primo, la nostra contrada vincerà il Palio: uno splendido stendardo di seta. Sarebbe un grande onore!
"Viva Vito!" gridiamo tutti quanti. "Viva Vito!"

Quando la folla si quieta, gli alfieri cominciano lo spettacolo delle bandiere. Le lanciano in alto e le riprendono al volo, prima che tocchino il suolo. I colori di ciascuna contrada volano in aria al ritmo dei tamburi e al suono delle trombe, assieme al rintocco della campana in cima alla Torre del Mangia.

Quando finalmente comincia la corsa, Babbo mi prende sulle sue spalle. La folla impazzisce mentre i fantini corrono con i cavalli facendo per tre volte il giro della piazza.

The historical parade begins. There are flag bearers, drummers, trumpeters, and musicians all dressed in bright medieval costumes. There is such excitement in the air!
"Look, Ruggero, it is Uncle Vito!" Mama points to the jockeys as they make their grand entrance into the square. Uncle Vito looks dazzling in his white and blue helmet, shirt, and pants. He rides bareback, as do all the jockeys of the Palio.

If Uncle Vito comes in first, our neighborhood will win the Palio, a splendid hand painted silk banner. This is such an honor!
"Viva Vito!" we all shout. "Viva Vito!"

As soon as everyone is quiet, the flag bearers perform. They throw their flags high up into the air and catch them before they touch the ground. The colors of each contrada fly through the air to the beating of drums, the sound of trumpets, and the chimes of the big bell on top of the Mangia Tower.

When at last the race starts, Papa lifts me onto his shoulders. The crowd is going wild as the jockeys race their horses around the square three times.

Seguo Zio Vito con lo sguardo mentre prima avanza e poi viene sorpassato. Grido con la folla. Anche se mi fa male la gola, continuo a gridare.
La Contrada della Tartaruga arriva prima. La nostra contrada non ha vinto.

I watch Uncle Vito as he moves forward, then falls back. I shout with the crowd. My throat is sore, but I don't stop.
The Contrada of the Turtle, crosses the finish line first. Our contrada has not won.

Cerco Zio Vito tra i fantini.
"Babbo, perche Zio Vito sorride? Non ha vinto il Palio".
"Non tutti possono vincere, Ruggero, ma possiamo tutti rallegrarci per aver fatto una buona gara".
"Dovremmo rallegrarci?"
"Sì Ruggero" dice Babbo mentre i coriandoli gli cadono sul viso sorridente.
"Dobbiamo rallegrarci!"

Dopo la corsa, Mamma mi porta a casa. Percorriamo i vicoli stretti di Siena, fino alla piazzetta dove sia affaccia casa mia. Vedo i miei amici che giocano a pallone e corro da loro. Mamma mi lascia giocare mentre parla con una signora che abita nella casa a fianco alla nostra. La vicina si è trasferita da poco qui con la sua famiglia. Ha un bambino che si chiama Piero, un po' più piccolo di me. È piccolino e gli altri bambini non lo fanno mai giocare con loro.

Lo vedo seduto sul marciapiede, che guarda la partita di calcio. Mia madre mi chiama e mi dice di far giocare Piero con noi. I bambini più grandi non sono contenti così gli dico che Piero giocherà nella mia squadra. In pratica, Piero ed io siamo la squadra ed ho la sensazione che non vinceremo la partita. Piero è piccolino e non corre molto veloce ma ora si sta divertendo e sorride. So che è un bravo ragazzino. L'altro giorno mi ha fatto giocare con le sue biglie e me ne ha persino regalata una.

La partita è finita ed io e Piero non abbiamo vinto. I ragazzini più grandi saltano e gridano: "Abbiamo vinto! Abbiamo vinto!"
Guardo Piero e vedo che è triste. So come si sente. Gli poggio una mano sulla spalla e gli dico: "Non essere triste. Abbiamo giocato bene e ci siamo divertiti. Rallegrati!"

Piero mi guarda con aria sorpresa. "Domani potremo giocare ancora insieme e t'insegnerò alcuni trucchi con la palla. Che ne pensi?"

Piero si mette a saltare dalla contentezza e sorride. Non dice nulla ma so che si sta dicendo: "Rallegrati, rallegrati!"

Mamma mi guarda e quando i nostri sguardi s'incontrano, fa un cenno di assenso con il capo e mi sorride con orgoglio. È proprio una giornata in cui rallegrarsi!

I search the jockeys for Uncle Vito.
"Papa, why is Uncle Vito smiling? He has not won the Palio."
"Not everyone can be a winner, Ruggero. But we can all rejoice in a race well run."
"We should rejoice?"
"Yes, Ruggero," Papa says with confetti falling around his smiling face, "we should rejoice!"

After the race, Mama takes me home. We walk along the narrow alleys of Siena, until we reach the small square in front of my house. I see my friends playing soccer and I run to join them. Mama lets me play with them while she talks to a woman I recognize as our new next door neighbor. She and her family moved here a few weeks ago. They have a son, younger than I, named Piero. He is short and the big kids never let him play with them.

I see him sitting by the sidewalk, observing the soccer game. Mama calls and tells me to let little Piero play with us. The older boys aren't happy, so I tell them Piero will play on my team. My team is really just Piero and me. I have the feeling that we will not win this game. Piero is small and he is not a fast runner, but he is having fun and has a big smile on his face now. I know he is a good kid. The other day he let me play with his marbles and even gave me one to keep.

The game is over and we are not the winners. The older kids jump and yell, "We won! We won!" I look at Piero and I see his sad face. I know how he feels.
I put my hand on his shoulder and say, "Piero, don't be sad. We played a good game and had fun. Rejoice!"

Piero looks at me, puzzled. I add, "And tomorrow you can play with me again and I will teach you some soccer tricks. What do you think?"

Piero jumps up and down, smiling. He isn't saying anything, but I can tell he is telling himself, "Rejoice! Rejoice!"

Mama is watching me. When my eyes cross hers, she nods and smiles at me with pride. It is indeed a day to rejoice!

Una Serata all'Opera
A Grand Night at the Opera

Dal lettone dei genitori, Flavia osserva sua madre che si prepara per andare a lavoro. Flavia è in camicia da notte, con le ciabattine a forma di coniglietto.
"Devi proprio andare, Mamma?"
"Lo sai che devo. Non posso abbandonare il pubblico". A Flavia piace il fatto che sua madre abbia un lavoro così speciale. È l'unica bambina in tutta la scuola con una mamma che fa la cantante d'opera! Però ne sente la mancanza quando fa gli spettacoli serali.
"Potrei venire con te!" dice Flavia con i suoi occhi bruni carichi di speranza.
"Sei troppo piccola, Flavia. Ma un giorno, quando sarai più grande, ti porterò con me al teatro dell'opera, proprio come fece mia madre".
"Che effetto ti ha fatto, mamma, andare a teatro per la prima volta?" La madre di Flavia si siede sul letto, apre il cassetto del comodino e prende un libro rilegato in pelle.

From her parents' big bed, Flavia is watching her mother get ready for work. Flavia is in her night gown, her bunny slippers tucked underneath her.
"Must you go, Mama?"
"You know I must. I cannot let the audience down." Flavia loves that her mother has such a special job. She is the only child at school whose mother is an opera singer! But she misses her when she performs in the evenings.
"I could go with you!" Flavia says with hope in her big brown eyes.
"You are too young, Flavia. But someday, when you are older, I will take you to the opera just as my mother took me."
"What was it like, Mama, your first time at the opera?" Flavia's mother sits down on the bed. She opens the drawer of her nightstand and pulls out a leather-bound book.

"Questo è il mio diario di quando ero piccola. Lo stavo proprio rileggendo l'altro giorno e ho trovato una parte che penso ti interesserà ascoltare".
"Oh, si! Di che parla?"
"Prima mettiti nel tuo letto e poi te la leggo". Flavia corre nella sua stanza e s'infila velocemente sotto le coperte.
"Sono pronta, Mamma".
La madre di Flavia sorride, apre il diario e comincia a leggere:

22 giugno

Stasera sono andata per la prima volta a un concerto di opera lirica. Mamma porta le sue figlie al teatro dell'opera quando compiono dieci anni. Stasera era il mio turno. Il Teatro della Scala è magnifico ed è uno dei luoghi più importanti di Milano da più di duecento anni!

Ho indossato il mio vestito nuovo di morbida seta color viola. Avevo i capelli raccolti sulla testa con tante mollette. Le scarpe nuove mi facevano male ai piedi, ma mi piaceva molto il tacco sottile. Mi sentivo così grande!

Dal bordo del nostro balconcino privato riuscivo a vedere tutto il teatro. Guardai giù per vedere quanto eravamo in alto. Il palcoscenico era alla nostra sinistra. Il teatro aveva pareti dorate e decorate con velluto rosso e lungo le pareti c'erano tante file di balconcini. Il soffitto aveva delle ricche decorazioni attorno all'enorme lampadario. Che eleganza!

Le luci si abbassarono per indicare l'inizio dello spettacolo. Le pesanti tende rosse e dorate si aprirono e l'opera Aida cominciò.

Aida era la protagonista della storia ed era una principessa. La storia non era semplice e succedevano molte cose che non capivo bene. Andare all'Opera non è come andare al cinema, ma per fortuna Mamma mi ha aiutato a capire quello che succedeva, spiegandomi le parti più difficili.

"This is my journal from when I was a girl. I was just looking through it the other night and found an entry that I think you might like to hear."
"Oh, yes! What it is about?"
"First let me tuck you into your own bed. Then I will read it to you." Flavia runs to her room and quickly crawls under her covers.
"I'm ready, Mama."
Flavia's mother smiles. She opens her journal and begins to read:

22 June

Tonight I attended my first opera. It is tradition for Mother to bring each of her daughters to the opera on her tenth birthday. Tonight it was my turn. The La Scala Theatre was so very grand! It has been an important part of Milan for over two hundred years! I wore my new dress. The deep purple silk felt delightful next to my skin. My hair was piled on top of my head with many pins. My new shoes hurt my feet, but I loved the small heel. I felt so grown up!

From the edge of our private box I could see the inside of the theatre. I looked down to see that we were very high off the floor. The stage was to our left. The theatre had golden walls and was decorated with red velvet. Lining the walls were row upon row of private boxes. The ceiling had an ornate design that framed the enormous chandelier. Such elegance!

The lights dimmed to let us know that the performance was about to start. The heavy red and gold curtains parted and the performance of Aida began.

Aida was the main character of the story and she was a princess. The story was pretty complex and many things happened, which I did not understand well. Going to the Opera is not like going to the movies. Luckily Mom helped me understand what was happening, explaining the most difficult parts.

I cantanti erano bravissimi e lo spettacolo era bello, interessante e allo stesso tempo molto malinconico.

"Che triste finale!" dissi a Mamma.

"Le opere liriche non sono favole, Oriana" mi disse. "Non tutte le storie possono finire bene".

Preferisco il lieto fine, ma comunque la storia è stata interessante. Mi è spiaciuto lasciare l'elegante Teatro alla Scala. Le luci, i costumi, le bellissime voci e la musica ne hanno fatto una serata che ricorderò per sempre!

La madre di Flavia chiude il diario con un'espressione sognante sul viso.
"È cosi che ho scoperto la mia passione per il teatro. Quando compirai dieci anni, ti porterò a vedere uno spettacolo di opera lirica."
"Mi piacerà come è piaciuto a te?" chiede Flavia.
"Forse si, o forse no. Ma sicuramente sarà una serata che non dimenticherai!"
Oriana dà il bacio della buona notte a sua figlia. Flavia si tira le coperte su fin sotto il mento, pronta a sognare il giorno in cui trascorrerà una magnifica serata al Teatro dell'Opera.

The singing was incredible! It was lovely and thrilling and sad all at once.
"What a sad ending!" I said to Mother.
"Operas are not fairy tales, Oriana," she told me. "Not every story has to have a happy ending."
I prefer happy endings, but it was still an exciting story. I was sad to leave the glamour of the La Scala Theatre. The lights, the costumes, and the amazing music and voices made this a night I will remember forever!

Flavia's mother closes her journal. She has a dreamy look on her face.
"That is when I discovered my passion for the theatre. When you are ten, I will take you to your first opera."
"Will I love it like you did?" Flavia asks.
"You might, or you might not. But I promise it will be a night to remember!"
Oriana kisses her daughter goodnight. Flavia pulls her covers up to her chin, ready to dream of the time when she will have her own first grand night at the opera.

Aida è un'opera lirica scritta da Giuseppe Verdi. La prima rappresentazione di Aida in Europa si tenne a Milano, al Teatro della Scala, nel 1872.

Aida is an opera written by Giuseppe Verdi. Aida's first European performance was held in Milan at the La Scala Opera House in 1872.

La Regina Bianca

Queen Bianca

È maggio! Si festeggia l'arrivo della primavera. Qui ad Assisi lo festeggiamo con la festa di Calendimaggio. Io e la mia famiglia ci vestiamo con abiti d'epoca - anche Papà!
I giovani si sfidano in gare medievali. La parte alta e quella bassa della città gareggiano l'una contro l'altra e chi vince sceglierà la Regina della Primavera. È cosi divertente! Mi reggo la coroncina di fiori sulla testa mentre faccio una piroetta col mio lungo abito bianco e rosa.
"Spero di diventare la regina della festa, un giorno".
"Sono sicura che lo diventerai, Bianca" dice Mamma mentre mi sistema un ricciolo bruno dietro l'orecchio.
Quando tramonta il sole, vengono accese le torce ed il corteo storico si incammina verso la piazza principale. Siccome le strade di Assisi sono strette, riesco a vedere da vicino i giocolieri, i musicisti e i ballerini.

It is May! It is time to celebrate the arrival of spring. Here in Assisi, we celebrate with the Calendimaggio festival. My family and I are all dressed in old-time costumes – even Papa!
Our young men will compete in medieval games. The upper and lower parts of the city will compete against each other. The winner will get to choose the Festival Queen. It is all so exciting! I hold on to the wreath of wildflowers on my head as I twirl in my white and pink flowing dress.
"I hope to someday be the Festival Queen."
"I'm sure you will be, Bianca," Mama says, as she tucks a wild black curl behind my ear.
As the sun sets, torches are lit all around. The parade is making its way through the main square. The streets of Assisi are narrow. The jesters, musicians, and dancers are close enough to touch.

C'è una gran folla e tengo per mano il mio fratellino.
"Tienimi la mano, Marco" gli dico e con l'altra mano afferro la tunica blu di Papà. Lui si gira, ma non è Papà! Cerco nella folla un'altra tunica blu, ma ce ne sono moltissime.
"Papa!" chiamo, ma la mia voce è soffocata dal rumore della festa.

In alto, in cima a una collina, c'è la Fortezza che ci osserva. Guardandola, mi viene un'idea.
"Dobbiamo andare in un punto alto, Marco!" Siamo vicini al Tempio di Minerva, con il suo grande campanile.
"Vieni!" Entriamo nel campanile e saliamo i gradini fino ad arrivare ad una finestra.
"Guarda giù la folla e cerca la tunica blu di Papà e il vestito giallo di Mamma".
"Li vedo! Mamma! Papà!" grida Marco.
"Mamma! Papà!" grido con Marco e le nostre voci si fanno sentire forti, mentre agito le ampie maniche bianche del vestito.
Papà ci vede e lui e Mamma corrono verso la torre e salgono le scale.

The crowd is thick. I hold my little brother's hand.
"Don't let go, Marco!" I tell him. With my other hand, I reach out and grab Papa's bright blue tunic. He turns. It is not Papa! I search the crowd for another blue tunic. There are many.
"Papa!" I call out. But my voice is lost in the noise of the festival.

High up on a hill, the Major Fortress watches over us. Seeing the castle gives me an idea.
"We must get to higher ground, Marco!" We are near the Temple of Minerva with its majestic bell tower.
"Come!" We make it to the tower and climb the steps inside until we reach a window.
"Look down at the crowd. Look for Papa's blue tunic and Mama's sunny yellow dress."
"I see them! Mama! Papa!" Marco calls out.
"Mama! Papa!" As I join Marco, our voices are strong. I wave my white flowing sleeves in the air.
Papa sees us! He and Mama run to the tower and up the steps.

"Bianca! Marco!" dice Mamma in lacrime mentre ci abbraccia.
"Siete stati bravi ad uscire dalla folla" dice Papà. "Oggi ti sei comportata come un valoroso condottiero, Bianca. Come una vera regina".
"Una regina, Papà?"

"Bianca! Marco!" Mama cries as she wraps us in her arms.
"You were smart to separate yourselves from the crowd," Papa says. "You acted like a leader today, Bianca, like a queen."
"A queen, Papa?"

"Sì, le regine sono intelligenti e coraggiose e guidano il loro popolo".
Questo è anche meglio di essere la regina della festa!
Prendo Papà per mano e ci teniamo stretti mentre guido tutti giù per le scale in direzione della piazza.
Sorrido con orgoglio perché oggi sono la Regina Bianca!

"Yes! A queen is smart and brave and leads her people." This is even better than being the Festival Queen! I reach for Papa's hand. We hold tightly to one another as I lead my family down the steps and back into the square.
I smile proudly. Today I am Queen Bianca!

Dove sono ambientate le storie

Where the stories take place

"Il Lumino Notturno di Matteo": **Pisa**
*"Matteo's Night Light": **Pisa***

"Victoria Esprime un Desiderio": **Caserta**
*"Victoria Makes a Wish": **Caserta***

"Rallegrati, Ruggero, Rallegrati!": **Siena**
*"Rejoice, Ruggero, Rejoice!": **Siena***

"Una Serata all'Opera": **Milano**
*"A Grand Night at the Opera": **Milan***

"La Regina Bianca": **Assisi**
*"Queen Bianca": **Assisi***

www.ingramcontent.com/pod-product-compliance
Lightning Source LLC
Chambersburg PA
CBHW041632040426
42446CB00022B/3485